Dedicação: A meu filho
Lucas, que São Abraão o
encubra com sua orientação.

ST SHENOUDA PRESS
8419 Putty Rd,
Putty, NSW, 2330
Sydney, Australia

www.stshenoudapress.com

ISBN 13: 978-0-6457703-9-1

Desde pequeno, Santo Abraão
adorava passar tempo na Igreja.
No início das manhãs de domingo,
ele acordava seus pais para
participar da Divina Liturgia.
São Abraão aproveitava qualquer
oportunidade que podia para rezar
e frequentar a escola dominical. Ele
adorava fazer parte do diaconato e
ajudar no altar.

São Abraão tinha um coração muito carinhoso e gentil. Quando ele era um garoto, sempre reparava nos pobres da rua e dizia uma pequena oração em seu coração por eles. Ele não reparava nos edifícios altos ao seu redor ou nos locais excitantes, ele só reparava naqueles que eram pobres.

À medida que São Abraão envelhecia, seu amor e seu relacionamento com Deus se fortaleciam. Logo depois, com muitas orações e conselhos de seu pai confessor, ele decidiu dedicar sua vida a Deus, tornando-se monge. Um monge é uma pessoa que vive em um mosteiro e dá todo o seu tempo a Deus.

Durante seus muitos anos como monge, ele gostava de trabalhar em silêncio e sempre ajudava os necessitados. São Abraão fazia tudo o que podia para ajudar ao redor do mosteiro. Nenhum trabalho era grande demais ou pequeno demais para ele. Os monges mais velhos muitas vezes contavam com ele para ajudar.

Todos ao redor de São Abraão sabiam que ele era um monge justo e generoso. Depois de muitos anos como monge, ele foi ordenado bispo. Um bispo é um monge que é responsável pelos outros monges, padres e pessoas de uma determinada área. São Abraão era agora conhecido como o Bispo de Fayum.

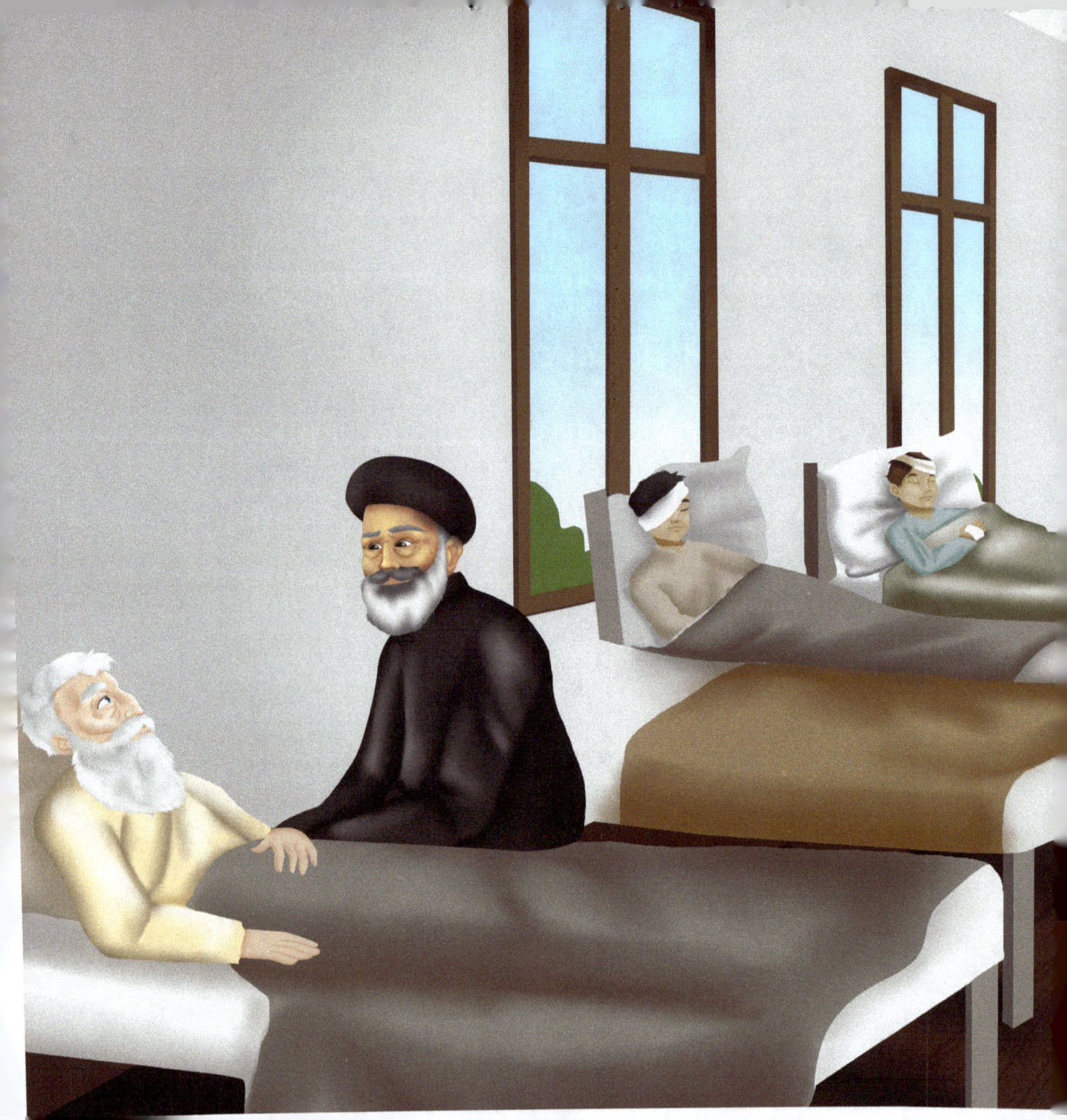

Um dia Santo Abraão sentiu em seu coração que queria ajudar os outros. Ele transformou seu lar em um abrigo para os desabrigados, órfãos e doentes. Ele serviu e ajudou todos ali. As pessoas levavam aqueles que eram necessitados para seu abrigo, pois sabiam que seriam atendidos com amor e misericórdia.

Quando as pessoas lhe pediam dinheiro, ele sempre dava alegremente. Um dia, uma senhora veio e lhe perguntou: "Eu poderia ter algum dinheiro para alimentar meu bebê"? Ele respondeu: "Não tenho mais dinheiro, pegue este lenço, venda-o e use o dinheiro". A senhora ficou muito agradecida mesmo não sabendo que este lenço era o único dele, e que o mantinha quente durante todo o inverno!

Dar aos pobres foi algo que fez São Abraão sentir-se tão feliz. Ele sentia a presença de Deus toda vez que dava a outros. São Abraão muitas vezes deixava cestas de roupas e alimentos nas portas das pessoas sem que elas soubessem. O Senhor sempre o abençoou.

São Abraão passava muito tempo

com pessoas menos afortunadas.

Ele contava histórias da Bíblia e

espalhava o amor de Deus. Muitas

vezes, pessoas doentes eram trazidas

a São Abraão e, por meio de suas

orações, eram curadas. Deus ouviu

as orações de São Abraão porque o

amava muito!

Depois de muitos anos de alegre doação, Santo Abraão envelheceu. As pessoas que ele ajudou com o tempo foram vê-lo e rezaram com ele em sua Igreja. O amor e o cuidado que São Abraão demonstrava às pessoas que ele servia, agora se refletia na fé crescente dessas pessoas.

Santo Abraão sempre viveu pelo versículo bíblico que diz: "Deus ama quem dá com alegria" (2 Cor 9,7). Em tudo o que São Abraão fez, em tudo o que ele deu, em todas as formas que ele ajudou, ele o fez com um coração alegre e generoso. Por seu amor e serviço para com os necessitados, muitos foram capazes de testemunhar Cristo nele.

Goly Be Para Deus

Amém

SCAN ME

www.ingramcontent.com/pod-product-compliance
Lightning Source LLC
Chambersburg PA
CBHW081640040426
42449CB00014B/3400